Ce titre prend place dans l'encyclopédie Vivre ensemble,
une création Bayard Éditions.

Direction éditoriale
Jean-Claude Dubost, Charlotte Ruffault

Textes
Laura Jaffé, Laure Saint-Marc

Illustrations
Catherine Proteaux, Béatrice Veillon, Régis Faller

Conception graphique
Charlotte Moundlic

Suivi technique
Nathalie Diochet

Correction
Malina Stachurska, Florent Schmit

Fabrication
Henri Charbonneau

Remerciements à Vincent Le Gaudu

3, rue Bayard, 75008 Paris
ISBN : 2.227.74001.9
Dépôt légal : mars 1998

Loi 49956 du 16 juillet 1949 sur les publications destinées à la jeunesse

guide pour un enfant citoyen

Vivre ensemble

En famille

BAYARD ÉDITIONS

CHAPITRE 1

RÉCIT 1

La ratatouille de Tante Sophie

Comment les parents d'Angelina se sont rencontrés ?
Ça, c'est toute une histoire !

DOCUMENT 1

Qu'est-ce qu'une famille ?

À sa naissance, chaque enfant a un père et une mère ;
même s'il ne vit pas toujours avec eux, c'est sa famille.

JEU-TEST 1

À toi d'agir

Tu participes au spectacle de l'école, mais ce jour-là,
c'est aussi l'anniversaire de tes grands-parents : que fais-tu ?

Angelina

Tante Sophie

Maman

Papa

La ratatouille de Tante Sophie

– Angelina, à table ! appelle Tante Sophie.
– J'ai pas faim ! bougonne Angelina.
Chaque fois qu'elle va déjeuner chez Tante Sophie, c'est de la ratatouille.
Et la ratatouille, Angelina déteste ça ! Elle ne

pourrait pas faire des frites, Tante Sophie, des fois, pour changer ?
Avec un petit sourire mystérieux, Tante Sophie lui tend le plat.
– Tu sais, la ratatouille, c'est une vieille histoire de famille, explique-t-elle. C'est grâce à elle que tes parents sont tombés amoureux !

La mine renfrognée, Angelina murmure entre ses dents :
– La ratatouille, une potion magique... Tu parles ! Si elle croit qu'elle va réussir à m'en faire avaler une seule bouchée avec ses contes à dormir debout !

Tante Sophie continue d'un ton enjoué :

– C'était le jour de mon anniversaire.

Mes vingt ans. J'avais organisé un dîner avec ma sœur – ta mère – et quelques amis.

Intriguée, Angelina oublie de bouder.

– Et papa, alors, il était où ?

– Il était en retard. Nous étions déjà tous à table devant un délicieux poulet rôti avec de la ra...

– ... tatouille ! devine la fillette.

– Et, vlan ! en voulant s'asseoir, il a trébuché contre un pied de la table. Dans sa chute, il s'est agrippé à la nappe. Le plat de ratatouille s'est envolé comme une soucoupe volante au-dessus des invités pour atterrir sur les genoux...
– De maman ! comprend Angelina, prise de fou rire.
– Ta mère était rouge et dégoulinante de la tête aux pieds... Et, bien sûr, de très mauvaise humeur !

Elle a même traité ton père, qu'elle voyait pour la première fois, d'abruti, de sinistre bouffon, d'andouille à la sauce tomate !

– Alors, ils ne sont pas tombés amoureux ? s'étonne Angelina.
– Mais si ! Ton père était tellement désolé qu'il a passé la soirée à raconter des histoires drôles à ta mère. Et depuis ce jour-là, ils ne se sont plus jamais quittés !
– Et moi, alors, je suis née quand ? demande la petite fille.

– Toi, tu es née un an après. Et quand tu as renversé ta première assiettée de purée sur les genoux de ta maman, ton père s'est écrié : « Pas de doute, c'est bien ma fille ! »

Qu'est-ce qu'une famille ?

À sa naissance, chaque enfant a un père, une mère et parfois des frères et sœurs. Même s'il ne vit pas toujours avec eux, c'est sa famille.

Famille
Une famille, c'est un ensemble de personnes qui sont liées entre elles par la naissance, le mariage ou l'adoption.

Les familles ont toujours existé, car les hommes et les femmes ont toujours eu des enfants ensemble.

Autrefois, souvent, toutes les personnes de la grande famille (les grands-parents, les parents, les enfants, les oncles, les tantes...) vivaient ensemble dans la même maison.

Maintenant, on vit plutôt dans une famille plus petite. Cela n'empêche pas de se retrouver entre cousins pendant les vacances.

DOCUMENT 1

Il y a toutes sortes de familles

Tous les enfants ne vivent pas en famille de la même façon.
Il y a par exemple :

La famille légitime
C'est un homme et une femme mariés ensemble qui ont ensemble un ou plusieurs enfants.

La famille naturelle
C'est un homme et une femme qui ne sont pas mariés ensemble et qui ont des enfants ensemble.

La famille monoparentale
C'est un homme seul ou une femme seule qui ont eu un ou plusieurs enfants avec quelqu'un et qui les élèvent seuls.

La famille recomposée
C'est un homme et une femme qui ont déjà eu des enfants avec quelqu'un d'autre et qui ont des enfants ensemble.

DOCUMENT 1

Certains enfants sont adoptés

Certains enfants ne vivent pas avec leur famille, soit parce qu'on ne la connaît pas, soit parce qu'elle ne peut pas s'occuper d'eux.

Le centre d'accueil
Lorsqu'un enfant ne vit pas dans une famille, il peut séjourner dans un centre d'accueil, plus ou moins longtemps, avec d'autres enfants.

La famille d'accueil
Certains enfants ne restent pas toujours dans le centre, ils peuvent être placés dans une famille d'accueil.

La famille d'adoption
Certains enfants ne pourront plus jamais retourner vivre dans leur famille, ils sont pupilles de l'État. Ils peuvent être adoptés par une nouvelle famille.

DOCUMENT 1

Comment vit-on dans une famille ?

Valeurs morales
Ce sont tous les sentiments ou les comportements que l'on estime importants, comme par exemple l'honnêteté ou le courage, la franchise, etc.

Dans la vie de tous les jours, les membres d'une famille ont des habitudes communes et des traditions.

Les parents transmettent aussi à leurs enfants leur manière de voir la vie, leurs valeurs, leurs croyances ou leur religion.

Les habitudes
Aller au supermarché tous les samedis ou bien rendre visite aux grands-parents tous les dimanches.

Les traditions
Se réunir tous les ans avec les grands-parents, les oncles, les tantes, les cousins pour fêter Noël ou les grands anniversaires.

Ce qui unit une famille, c'est aussi le respect que chacun accorde à l'autre.

Document 1

Peut-on faire ce qu'on veut en famille ?

Les familles font partie d'une société, la société française, chinoise ou américaine, par exemple.

Loi
C'est l'ensemble des droits et devoirs d'une personne qui séjourne dans un pays.

Dans toutes les sociétés, il y a des règles obligatoires, fixées par la loi. Tout le monde doit les respecter.

La loi dit que tout le monde a le droit de se marier.

La loi dit aussi que le mariage n'est pas une obligation.

La loi donne aussi des règles à respecter par les parents envers leurs enfants et des règles à respecter par les enfants envers leurs parents.
En France, les règles sont les mêmes pour toutes les familles qui vivent sur le territoire.

À toi d'agir !

Mets-toi à la place des enfants ci-dessous
et choisis à la page suivante ce que tu ferais
si tu étais dans la même situation.

Tu dois participer au spectacle de l'école, mais ce jour-là, c'est l'anniversaire de tes grands-parents.

Jeu-test 1

Comment réagis-tu, toi, dans ce cas-là ?

1 Ça tombe mal !
Toi, tu y tiens, à ce spectacle. Mais tes parents veulent aller à la fête de famille. Tu leur obéis.

2 Tu as un rôle très important dans le spectacle. Tu ne peux plus abandonner. C'est trop tard. Tu vas tout faire pour convaincre tes parents.

3 Tu as une idée !
Tu iras à la fête avec un copain, et tes parents iront voir tes grands-parents.

4 Tu essaies de convaincre tes parents que si vous passez une heure à la fête de l'école, tu auras le temps de faire ton spectacle avant d'aller à l'anniversaire.

5 Comment faire ?
Tu ne veux décevoir ni tes parents ni la maîtresse. Tu hésites.

6 Super, cet anniversaire !
Une bonne occasion de retrouver les cousins !

Tu as fait ton choix. Tourne la page et découvre ce qui peut se passer.

Voici les conséquences de ton choix

1 C'est normal que tu sois déçu de rater le spectacle.
Mais en famille,
il y a des moments où ce sont les parents qui décident.
Et, qui sait ? peut-être vas-tu bien t'amuser à l'anniversaire...

2 Ce rôle, tu l'as travaillé depuis des semaines.
Toute la classe compte sur toi.
Ce sont de bons arguments pour convaincre les parents.
S'ils ne veulent rien entendre, tu seras fier d'avoir essayé.

3 C'est une bonne idée pour toi d'aller dormir chez ton copain, pour que tes parents puissent aller à l'anniversaire. Mais tes grands-parents seront peut-être tristes de ne pas te voir. Et si tu leur téléphonais pour leur expliquer ton choix ?

4 Ce serait l'idéal.
Comme ça, tout le monde serait content. Ce genre de solution s'appelle un compromis.
Chacun de son côté fait un effort pour satisfaire l'autre et pour se comprendre vraiment.

5 Ce n'est pas agréable de décevoir quelqu'un.
Mais ce n'est pas de ta faute si tu as deux fêtes importantes le même jour.
Tu hésites ? Peut-être peux-tu demander leur avis à tes parents.

6 C'est vrai que tes cousins, tu ne les vois pas souvent !
Mais as-tu pensé à te faire remplacer pour le spectacle ?
C'est important de le faire parce qu'on compte sur toi ce jour-là.

CHAPITRE 2

RÉCIT 2

Le grand plongeoir

Antoine déteste la piscine. Alors quand, en plus, on se trompe sur son nom, ça devient catastrophique !

DOCUMENT 2

Tous les enfants ont-ils une identité dès la naissance ?

Le nom, la nationalité, comment ça marche ?

JEU-TEST 2

À toi d'agir

Tes parents t'annoncent l'arrivée d'un petit frère ou d'une petite sœur. Comment réagis-tu ?

Antoine

Le maître nageur

Le grand plongeoir

Apprendre à nager...
Antoine s'en passerait bien ! L'eau froide de la piscine qui clapote à ses pieds le remplit de terreur. Mais c'est sa mère qui veut !
Au bord du grand bassin, pris de panique, il se recroqueville dans sa serviette. Autour de lui,

une ribambelle d'enfants se poussent à l'eau en riant.
Ma parole, ils ont tous l'air de savoir nager !
« Maman m'a bien inscrit dans le groupe des débutants ? », s'inquiète Antoine.
Mais déjà, la leçon commence.
Le maître nageur prend au hasard un nom sur sa liste d'inscrits.

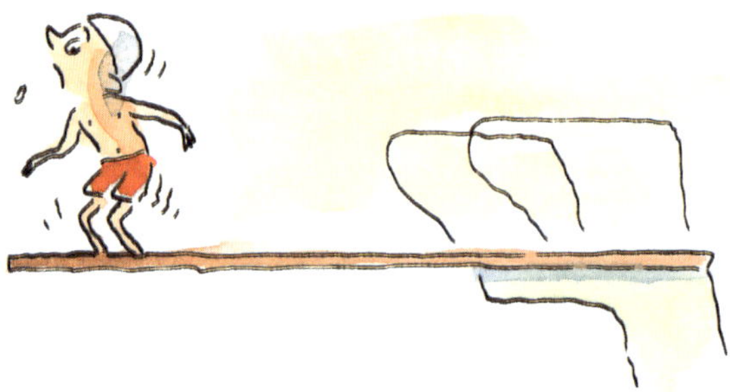

– Antoine André, monte au grand plongeoir !
Antoine, trop effrayé pour oser protester, avance vers l'escalier. Le voilà sur la planche étroite suspendue dans les airs...
Ce n'est pas possible ! Il ne peut pas sauter !

Pris de vertige, il voudrait faire demi-tour. Mais les autres enfants qui font la queue derrière lui barrent le passage.

Antoine n'a pas le choix. Sans plus réfléchir, il ferme les yeux et se jette dans le vide. La chute lui semble durer une éternité. Puis, tout à coup, après un grand « plouf » bruyant, il se retrouve pris au piège d'un monstre liquide et froid qui lui rentre dans le nez, dans la bouche et l'attire toujours plus au fond. « Au secours, je me noie ! », hurle-t-il. Mais de sa bouche ne sort qu'un glouglou indistinct de bulles d'air.

Soudain, une main énergique l'empoigne. C'est le maître nageur qui le ramène au bord du bassin. Ouf ! Il est sauvé...

À peine a-t-il repris son souffle que le professeur se fâche :

– Qu'est-ce qui t'a pris de t'inscrire dans le groupe des bons nageurs ?

– Je sais pas, M'sieur, c'est ma mère... , bredouille Antoine, prêt à fondre en larmes.

À l'autre bout de la piscine, un autre maître nageur s'écrie.

– Dis donc, Antoine André, que fais-tu dans le groupe des débutants ? Tu nages comme un poisson !

– Comme un poisson ?
Antoine ne comprend plus rien. Sont-ils fous, ces maîtres nageurs ? Ou alors est-il en train de faire un cauchemar ? Va-t-il bientôt se réveiller ?

Mais avant qu'il ait eu le temps d'ouvrir la bouche, un autre petit garçon répond à sa place :
– Moi, un débutant ? Ça fait plus de cinq ans que je fais de la compétition !

Tout à coup, Antoine comprend. Ils sont deux à s'appeler Antoine André ! Les maîtres nageurs rigolent. Antoine André et Antoine André...
La bonne blague !
Soulagé, Antoine rit aussi. Mais quand même...
Qu'un autre enfant puisse porter le même nom que lui, ça lui fait tout drôle !

Tous les enfants ont-ils une identité dès la naissance ?

Un enfant sans parents, ça n'existe pas.
Pour qu'un enfant vienne au monde,
il doit toujours avoir des parents.

Parents biologiques
Un père et une mère biologiques, c'est l'homme et la femme qui ont conçu un enfant.

Parents légitimes
Ce sont les parents reconnus par la loi.

Même si un enfant ne connaît pas son père, cela ne veut pas dire qu'il n'en a pas. En effet, tous les enfants ont un père et une mère biologiques. Mais les parents biologiques ne sont pas forcément les parents reconnus par la loi. Un enfant qui ne connaît pas ses parents biologiques peut être recueilli ou adopté par une famille.
Dans ce cas-là, ses nouveaux parents sont ses parents légitimes.

DOCUMENT 2

Tous les enfants sont déclarés à la mairie

Quand un enfant naît, il est déclaré à la mairie dans les trois jours qui suivent sa naissance.

Les parents peuvent déclarer leur enfant depuis l'hôpital.

L'un ou l'autre des parents peut aller à la mairie déclarer l'enfant.

Reconnu
Reconnaître un enfant, c'est déclarer devant la loi qu'on est son père ou sa mère.

À la mairie, on fait établir un acte de naissance. C'est le papier qui prouve qu'un enfant existe dans la société. Il indique le jour, l'heure et l'endroit où l'enfant est né, son sexe, son nom, son ou ses prénoms et le nom de ses parents s'ils l'ont reconnu.

Tous les bébés sont déclarés à la mairie par l'hôpital directement ou par les parents.

DOCUMENT 2

Comment devient-on l'enfant légitime de ses parents ?

Il y a plusieurs façons de devenir l'enfant de ses parents devant la loi.

Les parents de Jules sont mariés. Quand ils l'ont *déclaré* à la mairie, il est devenu leur enfant légitime. Jules porte le nom de son père. Ses deux parents doivent s'occuper de lui.

Les parents de Lucille ne sont pas mariés. Ils ont dû la *reconnaître* pour qu'elle devienne leur enfant devant la loi. Lucille porte le nom de son père, mais ses parents doivent s'occuper d'elle tous les deux.

Les parents de Léo ne sont pas mariés. Sa mère l'a reconnu, mais pas son père. Léo porte le nom de sa mère qui doit s'occuper seule de lui. Selon la loi, son père biologique n'a aucun droit ni devoir vis-à-vis de lui.

Les parents d'Estelle l'ont adoptée. Ils ont déclaré devant la loi qu'Estelle était leur enfant. Estelle porte leur nom. Ses parents doivent s'occuper d'elle tous les deux.

Devant la loi, c'est très important de faire partie d'une famille. C'est ce qui permet à un enfant d'avoir un nom de famille et d'être entouré d'adultes qui devront s'occuper de lui.

DOCUMENT 2

Comment devient-on français ?

Naturalisation
C'est demander et obtenir la nationalité du pays dans lequel on vit.

À sa naissance, l'enfant a une nationalité suivant le pays où il est né et suivant la nationalité de ses parents. En France, ça se passe comme ça :

Léon est né en France. Ses parents sont français. Léon a la nationalité française comme ses parents.

Clara est née en France. Ses parents sont italiens. Clara a la nationalité italienne, comme ses parents, même si elle est née en France. Mais à 18 ans, elle sera française.

Pierre est né en Espagne. Sa mère est espagnole. Son père est français. Pierre a la nationalité française, car un de ses parents est français.

Leïla est née en France. Ses parents sont marocains, mais sa mère est née en France. Leïla a la nationalité française, car un de ses parents est né en France.

Quand un enfant français a un parent de nationalité étrangère, il peut aussi parfois avoir la nationalité de ce parent. On dit alors qu'il a la double nationalité.

DOCUMENT 2

Qu'est-ce que l'identité ?

Le nom, le ou les prénoms, la date de naissance, le sexe et la nationalité sont les éléments qui constituent l'identité d'une personne.
L'enfant a une identité dès sa naissance et il en aura une toute sa vie. C'est ce qui lui permet d'être un individu unique.

Droit à l'identité
Tout enfant a droit dès sa naissance à un nom et à une nationalité.

Nom : Bichon
Prénoms : Marylou, Jeanne, Sophie.
Sexe : Féminin
Née le : 12.5.1990 à Lyon (69).

Nom : Ramashi
Prénoms : Léon, Georges.
Sexe : Masculin
Né le : 5.9.1970 à Laval (53).

Nom : Pilouchard épouse Brogsanski
Prénoms : Maryse, Lydia.
Sexe : Féminin
Née le : 2.12.1947 à Belfort (90).

Nom : Rizzoli épouse Pilouchard
Prénoms : Lucie, Joséphine, Marie.
Sexe : Féminin
Née le : 23.6.1917 à Bologne (Italie).

Non seulement l'enfant est un membre de sa famille, mais il devient aussi dès sa naissance un membre à part entière de la société.

À toi d'agir !

Mets-toi à la place des enfants ci-dessous
et choisis à la page suivante ce que tu ferais
si tu étais dans la même situation.

Ce matin, tes parents t'ont dit que tu allais avoir un petit frère ou une petite sœur...

Jeu-test 2

Laquelle de ces réactions te plaît le plus ?

1 Super !
Avec un bébé à la maison,
je ne vais pas m'ennuyer !

2 Qu'est-ce que c'est que cette
histoire ? Mes parents auraient pu
me demander mon avis !

3 D'accord pour un bébé !
Mais je préviens mes parents
qu'il n'aura pas intérêt à toucher
à mes affaires !

4 Pourquoi veulent-ils avoir
un autre bébé ?
On n'est pas bien comme ça ?

5 Génial ! Pour ce bébé,
je serai le grand !

6 Un bébé !
Je voudrais bien être à sa place...

Tu as fait ton choix. Tourne la page et découvre ce qui peut se passer.

Voici les conséquences de ton choix

1 Un bébé qui arrive à la maison, c'est beaucoup d'animation et ça peut être très amusant. Mais attention ! Un bébé, ce n'est pas un jouet...

2 Avoir un enfant, c'est une décision de parents. Et même s'ils n'ont pas à te demander ton avis, ils ont sûrement pensé que ce serait bien pour toi.

3 C'est vrai, tes affaires sont à toi. Tu tiens à défendre ton territoire. Mais tu seras sûrement très fier, un jour, d'inviter ton petit frère ou ta petite sœur dans ton univers.

4 Si tes parents veulent
un autre enfant, c'est leur désir.
Ce n'est pas pour te remplacer.
Ils t'aimeront de la même façon,
toujours.
Et, en plus, tu vas y gagner
l'amour d'un petit frère ou d'une
petite sœur !

5 C'est vrai ! Pour le bébé,
tu seras toujours l'aîné.
Et pour tes parents,
tu deviens un peu plus grand.

6 Être un bébé, c'est agréable.
Les biberons, les câlins,
ça te fait envie.
Mais quand le bébé va dormir,
toi, tu auras le droit
de regarder la télé
ou de jouer avec les grands...

Chapitre 3

Récit 3

La valise

Elena a une idée : puisqu'on ne s'occupe pas d'elle, elle va partir...

Document 3

Qui commande dans la famille ?

Les parents commandent, mais ils n'ont pas le droit de faire n'importe quoi.

Jeu-test 3

À toi d'agir

Ton père adore acheter des bonbons, mais ta mère est contre. Qu'est-ce que tu fais ?

Elena

Marie

La valise

Elena en a assez !
Ce soir, ses parents emmènent sa grande sœur, Marie, au cinéma, et elle, comme d'habitude, doit rester à la maison...

Rien qu'à l'idée de devoir passer la soirée avec une baby-sitter devant un paquet de chips et une tranche de jambon, elle sent ses yeux se remplir de grosses larmes de rage.
« Ça ne se passera pas comme ça ! », décide-t-elle en rentrant de l'école.
Ses parents la prennent encore pour un bébé.
Mais ils vont voir ce qu'ils vont voir !
Dès ce soir, elle va partir. Très loin. Toute seule.
Pour la grande aventure.

De sa tirelire, elle retire deux gros billets.
Toutes ses économies. Ça suffira sûrement pour le billet de train.

Elle sort sa petite valise rouge de sous son armoire et y entasse en vrac un pantalon, un pull, deux tee-shirts et son nounours.

En cachette de la baby-sitter, elle prend le carnet de téléphone de sa mère et appelle la gare.

– Le prochain train pour La Rochelle ? demande-t-elle.

C'est là qu'habite sa grand-mère Éléonore. Elle pourra toujours se réfugier chez elle en cas de problème...

– Vingt et une heures quinze, lui répond-on.

Encore trois heures avant le départ...

Elena fait ses devoirs avec la baby-sitter, dîne en vitesse, puis fait semblant d'aller se coucher. Mais sous sa couette, toutes lumières éteintes, elle garde ses yeux grands ouverts.
Il ne faut surtout pas qu'elle s'endorme !

Que faire pour empêcher ses paupières de battre dans le noir comme des papillons de nuit ?
Bon ! Après tout, un petit somme de dix minutes ne peut pas lui faire de mal avant le grand départ !

Déjà, Elena dort à poings fermés...
Lorsqu'elle se réveille, catastrophe !
un grand rayon de soleil inonde sa chambre.
Pas de doute ! Elle a bel et bien raté son train...
« Tant pis, se résigne-t-elle. Je partirai ce soir. »
Sa mère l'appelle pour le petit déjeuner.
Vite ! Elena cache sa valise sous le lit.
Dans la cuisine, un grand bol de chocolat fumant
et des tartines de pain grillé à la confiture
l'attendent. Un vrai régal !

– Je pensais t'emmener au cirque ce soir.
Rien que toi et moi. Ça te ferait plaisir ?
lui propose sa maman en l'embrassant tendrement.
– Oh, oui ! s'écrie Elena, folle de joie.
« Finalement, on n'est pas si mal à la maison,
songe-t-elle en dévorant ses tartines.
Je vais peut-être attendre encore quelques années
avant de faire ma valise... »

Qui commande dans la famille ?

Dans la famille, les parents ont le devoir d'éduquer et de protéger leur enfant. C'est pour ça qu'ils commandent.

Autorité parentale
Depuis 1970, le père et la mère légitimes exercent en commun leur autorité sur leurs enfants. Mais un enfant peut contester cette autorité si sa santé, sa sécurité ou sa moralité sont en danger.

Les parents ont le droit de dire à leurs enfants ce qu'ils peuvent faire, ce qu'ils doivent faire et ce qui leur est interdit. D'après la loi, les enfants doivent obéir à leurs parents.

Par exemple, si un enfant veut aller jouer dans la rue et que ses parents le lui interdisent, il est obligé de leur obéir. Si l'enfant désobéit, ses parents ont le droit de le punir.

Cela s'appelle l'autorité parentale. Mais punir un enfant ne veut pas dire lui faire du mal.

Quels sont les devoirs des parents ?

La loi oblige les parents à s'occuper de leurs enfants et à les protéger. Les parents ont aussi le devoir d'éduquer leurs enfants et de préparer leur avenir.

Loger ses enfants est une obligation pour les parents.

Les enfants ne peuvent pas quitter leur domicile sans l'autorisation de leurs parents.

Les parents ont le droit et le devoir de surveiller les fréquentations de leurs enfants.

Les parents peuvent ouvrir le courrier de leur enfant s'ils sentent un danger.

Les parents peuvent empêcher leurs enfants de voir certaines personnes.

Mais les parents ne peuvent pas interdire à leurs enfants de voir leurs grands-parents, sauf si un juge est d'accord avec eux.

DOCUMENT 3

Tous les frères et sœurs sont-ils égaux ?

Dans la vie, on a parfois l'impression qu'on n'est pas traité à égalité avec ses frères et sœurs.

Martin est l'aîné. Il en a assez de toujours surveiller ses frères et sœurs.

Julie est la seconde. Elle trouve qu'elle aide beaucoup plus souvent que Martin.

Luc est le troisième. Il voudrait bien aider comme les grands.

Zizou est la dernière. Elle aimerait bien regarder la télé le soir avec les grands.

Dans une famille, c'est normal que les plus grands aient plus de responsabilités que les plus petits. Mais il ne serait pas normal que les filles en fassent plus que les garçons ou que les aînés n'aient plus le temps de jouer, ou que les derniers-nés soient toujours traités comme des bébés.

DOCUMENT 3

Qu'est-ce qu'éduquer un enfant ?

Jugement moral
Avoir un jugement moral, c'est savoir distinguer ce qui est bien ou mal.

Les parents ont le devoir d'éduquer leurs enfants et de préparer leur avenir. Éduquer un enfant, c'est le faire grandir dans son intelligence, dans son corps et dans son jugement moral.

Les parents ont le droit de choisir l'école de leur enfant.

Les parents ont le droit de choisir la religion de leur enfant.

Les parents ont le droit de choisir la colonie de vacances de leur enfant.

Document 3

Quelles sont les obligations des enfants ?

En France, les enfants restent sous l'autorité de leurs parents jusqu'à leur majorité, c'est-à-dire jusqu'au jour de leurs 18 ans.

À 18 ans, la loi considère qu'un enfant est devenu un adulte. Désormais, il est responsable de ses actes devant la loi. Il n'a plus besoin de l'autorisation de ses parents pour agir.

Majorité
En France, depuis 1974, l'individu devient majeur, citoyen à part entière à l'âge de 18 ans. Il est alors responsable de tous ses actes. Il a, par exemple, le droit d'être électeur.

Avant 18 ans
Les parents peuvent interdire à leur enfant de fréquenter un de ses amis.

Après 18 ans
L'enfant devenu majeur est responsable de ses fréquentations.

Même après leur majorité, les enfants ont le devoir d' aider leurs parents s'ils ont des problèmes de santé ou d'argent…

À toi d'agir !

Mets-toi à la place des enfants ci-dessous et choisis à la page suivante ce que tu ferais si tu étais dans la même situation.

Ton père adore t'acheter des bonbons.
Ta mère, elle, est contre.

JEU-TEST 3

Laquelle de ces réactions te plaît le plus ?

1 Tu penses qu'avec ton père, c'est facile. Il est toujours prêt à te faire plaisir !

2 Tu penses que ta mère, parfois, est un peu sévère.

3 Ta mère t'explique que les bonbons font mal aux dents. Tu te demandes pourquoi, alors, ton père t'en achète.

4 Avec ton père, c'est les bonbons à volonté. Avec ta mère, c'est la télé. Tu aimes bien les deux.

5 À la limite, tu aimerais mieux ne plus manger de bonbons et ne plus regarder la télé, pourvu que tes parents arrêtent de se disputer pour ça.

6 Les bonbons, c'est bon. Mais quand ton père te demande de ne rien dire à ta mère, tu te sens mal à l'aise.

Tu as fait ton choix. Tourne la page et découvre ce qui peut se passer.

Voici les conséquences de ton choix

1 Quand tu es avec ton père, tu te régales de bonbons.
C'est agréable.
Et quand tu es avec ta mère ? Peut-être es-tu tout simplement content de la voir ?

2 C'est vrai, c'est agréable d'avoir un père toujours prêt à te faire plaisir en t'achetant tout ce que tu veux.
Mais pour les notes, par contre, c'est moins facile.

3 Ta mère trouve que les bonbons, c'est mauvais pour les dents.
Pour ton père, qui est gourmand, c'est un plaisir qu'il aime partager avec toi.
Alors profites-en bien.
Et... lave-toi les dents !

4 Tes parents n'ont pas forcément les mêmes goûts et les mêmes idées.
Ils ont chacun leur façon de te faire plaisir.
Toi, tu trouves ton compte dans leurs différences.

5 Dis-toi que ce n'est pas à cause de toi personnellement qu'ils se disputent.
En réalité, ils ne sont pas toujours d'accord sur la bonne manière de t'élever.

6 En fait, ton père sait bien que trop de bonbons, ce n'est pas bon.
Mais si tu n'aimes pas ce genre de secrets, dis-le-lui.

ENCYCLOPÉDIE
Vivre ensemble

Déjà paru

Vivre ensemble
À l'école

À paraître

Vivre ensemble
Les religions

Vivre ensemble
L'argent

N° d'éditeur 3342 - N° d'impression : 74031
Impression et reliure : Pollina s.a., 85400 Luçon